OBSERVATIONS

Sur la Proposition de loi tendant à supprimer, par l'abrogation
des articles 1733 et 1734 du Code civil,

LES RISQUES LOCATIFS

RÉSULTANT DE L'INCENDIE

OBSERVATIONS

Sur la Proposition de loi tendant à supprimer, par l'abrogation

des articles 1733 et 1734 du Code civil,

LES RISQUES LOCATIFS

RÉSULTANT DE L'INCENDIE

OBSERVATIONS

Sur la Proposition de loi tendant à supprimer, par l'abrogation
des articles 1733 et 1734 du Code civil,

LES RISQUES LOCATIFS

RÉSULTANT DE L'INCENDIE

———————

La Chambre des députés est saisie d'une proposition tendant à supprimer, par l'abrogation des articles 1733 et 1734 du Code civil, les risques locatifs résultant de l'incendie.

Cette proposition de loi a été déposée sur le bureau de la Chambre, dans la séance du 18 mars 1879, par M. Viette.

Un rapport sommaire a été fait par M. Seignobos, au nom de la douzième commission d'initiative parlementaire. Il a été déposé sur le bureau dans la séance du 12 juin 1879.

Ce rapport concluait à la prise en considération de la proposition.

Cette prise en considération a été votée par la Chambre, et la proposition se trouve en ce moment soumise à une commission spéciale.

C'est cette proposition que nous nous proposons d'examiner ici.

Pour pouvoir l'apprécier et la discuter, il convient d'en rapporter les termes exacts. Elle est ainsi conçue :

« Article premier.

« Les articles 1733 et 1734 du Code civil sont et « demeurent abrogés.

« Art. 2.

« Les primes résultant de polices d'assurances contre « les risques locatifs ne sont exigibles que pour l'année « en cours d'exercice, au moment de la promulgation de « la présente loi. »

Le but que s'est proposé d'atteindre M. Viette est de supprimer l'assurance du risque locatif. Il le dit expressément dans le très-court exposé des motifs, dont il a fait précéder les articles de sa proposition.

Le moyen par lequel il cherche à atteindre son but est l'abrogation des articles 1733 et 1734 du Code civil.

Voici le texte de ces deux articles :

« ART. 1733.

« Il (le locataire) répond de l'incendie, à moins qu'il
« ne prouve que l'incendie est arrivé par cas fortuit ou
« force majeure, ou par vice de construction, ou que le
« feu a été communiqué par une maison voisine.

« ART. 1734.

« S'il y a plusieurs locataires, tous sont solidaire-
« ment responsables de l'incendie, à moins qu'ils ne
« prouvent que l'incendie a commencé dans l'habitation
« de l'un d'eux, auquel cas celui-là seul en est tenu,
« Ou que quelques-uns ne prouvent que l'incendie
« n'a pu commencer chez eux, auquel cas ceux-là n'en
« sont pas tenus.

Convient-il d'abroger ces deux articles?

C'est toujours une chose grave que de toucher à un
ou plusieurs articles du Code civil, car il forme un
ensemble de législation dont toutes les parties sont
étroitement liées les unes aux autres. Aussi faudrait-il
des raisons bien puissantes pour modifier le principe de
droit consacré par l'article 1733.

Le Code a posé en règle générale que le débiteur d'un corps certain, appartenant à autrui, est responsable de la perte de ce corps certain, et qu'il ne peut échapper à la responsabilité qui pèse sur lui qu'en prouvant que la chose a péri par cas fortuit ou par force majeure.

Cette règle est posée, au titre des *Obligations conventionnelles*, dans l'article 1302 du Code civil.

Toutes les fois que, par l'effet d'une convention, une personne est tenue de représenter et de rendre un objet déterminé, la perte de cet objet est à sa charge, à moins qu'elle ne prouve qu'il a péri par cas fortuit.

L'article 1302 le dit expressément :

« Le débiteur est tenu de prouver le cas fortuit qu'il allègue. »

L'application de cette règle se rencontre dans beaucoup d'articles du Code civil ; elle se rencontre notamment dans l'article 1784, qui traite du contrat de transport ; dans l'article 1881, relatif au prêt à usage ; dans l'article 1927, relatif au dépôt ; dans l'article 2080, relatif au nantissement. Elle domine toute notre législation.

L'article 1733 contient aussi une application de ce principe général, qui régit la matière des obligations conventionnelles.

La convention, par laquelle un propriétaire donne à bail, à un locataire ou à un fermier, des bâtiments qui lui appartiennent, engendre pour l'un et pour l'autre des obligations qui dérivent de l'essence et de la nature du contrat de louage.

Le propriétaire est tenu de procurer au preneur la jouissance paisible de la chose louée.

Le locataire est tenu de payer le prix de location, de jouir en bon père de famille, et, à la fin du bail, de rendre la chose louée en l'état où il l'a reçue.

L'article 1730 du Code civil dispose, en effet, que le preneur doit rendre la chose louée telle qu'il l'a reçue. Développant cette règle, l'article 1732 ajoute qu'il répond des dégradations ou des pertes qui arrivent pendant sa jouissance.

Puis, toujours dans le même ordre d'idées, l'article 1733 dispose que le locataire répond de l'incendie, à moins qu'il ne prouve que l'incendie est arrivé par cas fortuit, par force majeure, ou par communication provenant d'une maison voisine.

L'article 1733 n'est donc que la répétition de la règle générale posée au titre des *Obligations* dans l'article 1302. C'est l'application de cette règle au contrat de louage.

Dans l'exposé des motifs de sa proposition, M. Viette reproche à l'article 1733 de constituer une dérogation au droit commun en matière de preuve. Il dit que cet article établit contre le locataire une présomption de faute, de négligence ou d'imprudence.

Selon lui, si l'on appliquait aux rapports entre les propriétaires et les locataires les principes qui régissent la matière des preuves, ce serait au propriétaire à prouver, en cas d'incendie, que c'est par la faute de son locataire que le feu a pris à la maison.

C'est là une grosse erreur. L'article 1733 ne contient pas une dérogation aux principes généraux du droit. Il en fait, au contraire, une saine et logique application.

En effet, nous venons de dire que le locataire est tenu, comme débiteur d'un corps certain, d'un objet déterminé, de représenter et de rendre cet objet dans l'état où il l'a reçu.

Quand le corps certain, qui a fait l'objet d'un contrat de louage, est un bâtiment, le preneur, à la fin du bail, doit le rendre au propriétaire. Si, au cours du bail, le bâtiment a été brûlé, la restitution, qui est à la charge du locataire, ne pourra pas avoir lieu. Le propriétaire aura alors une action contre son locataire. Il invoquera contre ce locataire l'obligation, que lui impose le contrat de louage, de rendre la chose louée. Et à défaut par le preneur de pouvoir rendre cette chose, il en réclamera contre lui la valeur; car toute obligation de faire se résout, en cas d'impossibilité, en des dommages-intérêts.

Pour réclamer l'exécution de l'obligation de rendre la chose louée contre le locataire ou pour obtenir contre lui des dommages-intérêts, quelle preuve devrait fournir le propriétaire, si l'article 1733 n'existait pas et si la loi s'était bornée à édicter la règle générale de l'article 1302? Le propriétaire n'aurait qu'une seule preuve à faire. Il n'aurait qu'à prouver qu'il a délivré au locataire la chose louée, qu'il lui a procuré la jouissance de la maison ou du bâtiment incendié.

Et le locataire, sur cette seule preuve, devrait être condamné à rendre la chose, la maison ou le bâtiment, ou bien à en payer le prix.

Pour échapper à cette condamnation, le locataire peut avoir des exceptions, des moyens de défense à faire valoir contre la demande du propriétaire. Il peut invoquer que l'accomplissement de son obligation, de rendre la chose louée, a été rendu impossible par un cas fortuit ou de force majeure.

Mais alors il devient demandeur en son exception ; et c'est à lui à prouver le cas fortuit, la force majeure ou toutes autres circonstances de nature à établir que l'inexécution de son obligation n'a pas pour cause une faute de sa part.

N'y eût-il dans le Code que l'article 1302, que les choses devraient se passer ainsi.

Il faut donc déclarer formellement que M. Viette s'est trompé en disant que l'article 1733 contenait une dérogation au droit commun. Il faut proclamer, au contraire, que cet article 1733 formule une application au contrat de louage des principes généraux de notre droit français.

Si l'on se bornait à abroger purement et simplement l'article 1733, comme le propose M. Viette, les rapports entre propriétaires et locataires seraient régis par l'article 1302, qui règle les droits et les obligations des créanciers et des débiteurs de corps certains et d'objets déterminés. Et, aux termes de cet article 1302, le propriétaire étant créancier, et le locataire étant débiteur, débiteur de l'obligation de rendre le bâtiment loué, ce ne serait pas au bailleur à prouver la faute du preneur, mais ce serait au preneur à prouver le cas fortuit qu'il alléguerait pour échapper aux conséquences de l'inexécution de son obligation.

M. Viette, dans l'exposé des motifs de sa proposition, paraît supposer que, si l'article 1733 était abrogé, ce serait par l'article 1382 que seraient régies les rapports du propriétaire au locataire.

Nous venons de dire que ce serait par l'article 1302.

En effet, ce ne pourrait être par l'article 1382.

Il faut prendre garde à la place qu'occupent ces deux articles dans le Code civil.

L'article 1302 figure au titre *des Contrats ou Obligations conventionnelles*.

L'article 1382 figure au titre *des Engagements qui se forment sans convention*, et au chapitre *des Délits ou quasi-délits*.

Or, le louage est un contrat, qui engendre entre les parties contractantes des obligations conventionnelles; c'est donc au titre *des Contrats* qu'il faudrait chercher les règles applicables au louage, si le Code n'avait pas consacré un titre spécial à cette espèce de contrat.

Ce serait commettre une grave erreur de droit, pour trouver une règle applicable aux rapports des locataires et des propriétaires, que de se reporter au chapitre des *Délits et quasi-Délits* et à l'article 1382.

Cependant c'est ce que voudrait M. Viette, c'est ce qu'il indique dans son exposé des motifs.

Mais, appliquer l'article 1382 au propriétaire dont la maison a été détruite, ce serait ne plus tenir compte des obligations qui dérivent du contrat de louage.

Ce serait obliger le propriétaire à prouver la faute de son locataire, comme lorsqu'il s'agit de délits ou quasi-délits.

Telle serait la conséquence de la proposition de M. Viette.

Existe-t-il des motifs sérieux pour introduire dans le Code civil, au contrat de louage, une si grave dérogation aux principes du droit commun?

Car il faut qu'il soit bien entendu et bien établi que c'est M. Viette qui propose de modifier le droit commun.

En abrogeant l'article 1733, on ferait brèche à cette règle de droit que ce n'est pas au créancier d'un corps certain ou d'un objet déterminé, en cas de perte de cet objet, à faire la preuve de la faute du débiteur. Une fois cette brèche faite, il n'y aurait plus de raison pour maintenir les articles 1302, 1784, 1881, 1927, 2080 et autres du Code civil.

Indépendamment de ce qu'elle est conforme aux principes généraux de notre droit, la disposition de l'article 1733 est-elle sage et rationnelle?

Certainement oui.

Elle est fort ancienne. Elle remonte au droit romain. Elle a été approuvée par tous les jurisconsultes. Elle a été appliquée par nos anciens parlements, comme conforme à la justice, à l'équité et à la raison. De l'ancienne jurisprudence elle a passé dans le Code civil.

Le jurisconsulte Paul, dans la loi 3, au digeste *de Officio Præfecti vigilum*, a expliqué la responsabilité qui pèse sur les locataires en disant que *plerumque incendia culpa fiunt inhabitantium.*

Par arrêts du 29 mars 1756 et du 3 août 1777, le Parlement de Paris avait formellement jugé que c'était au locataire à faire la preuve des faits qu'il invoquait pour prétendre qu'il ne devait pas être responsable de l'incendie.

Lorsque le titre *du Louage* fut présenté au Corps législatif, voici ce que dit Jaubert pour justifier l'article 1733 :

« Ces règles sont sages, conservatrices de la pro-
« priété à laquelle le bailleur n'a aucun moyen de veiller ;
« ces règles sont le gage le plus assuré de l'exactitude
« du preneur, du soin qu'il doit apporter dans l'usage
« de son droit, de la surveillance qu'il doit exercer sur
« sa famille et sur ses serviteurs. Au reste, la loi n'établit
« qu'une présomption. Cette présomption peut être dé-
« truite par une preuve contraire; mais la présomption
« devait être établie contre le preneur, parce que, d'une
« part, le bailleur n'a aucun moyen de prévenir et d'éviter
« l'accident, et que, de l'autre, les incendies arrivent
« ordinairement par la faute de ceux qui habitent la
« maison. »

Dans son commentaire sur l'article 1733, Troplong s'exprime ainsi :

« Que serait-il arrivé si l'on se fût écarté des sages
« combinaisons de la loi romaine? Le bailleur fût toujours
« resté sans recours possible contre le preneur. Est-ce
« qu'il lui est permis de surveiller l'intérieur du locataire
« et d'épier ses démarches? L'espèce d'aliénation, con-
« tenue dans le bail, ne lui ferme-t-elle pas l'entrée de
« la maison? Ne lui défend-elle pas de se mêler à la

« famille du preneur pour découvrir ce qui se passe chez
« lui? »

En effet, en louant sa maison ou sa ferme, le propriétaire en confie la garde au locataire ou au fermier,
qui, d'après la loi, doit en jouir en bon père de famille.
Une des obligations du locataire est donc de veiller à la
conservation de la chose qui lui est louée. Si cette chose
vient à périr pendant qu'elle est commise à sa garde,
ce doit être à lui à prouver qu'il a rempli son obligation,
qu'il n'est pour rien dans la perte, que cette perte est la
conséquence d'un cas fortuit ou de force majeure.

Le propriétaire ne peut pas pénétrer chez son locataire pour surveiller ce qui s'y passe, pour rechercher
s'il ne se commet pas chez ce locataire, soit par son fait,
soit par celui de ses gens, des négligences ou des impru-
dences qui peuvent causer une incendie. Il lui serait donc
presque toujours impossible de prouver que l'incendie
provient d'une faute de son locataire; tandis que, s'il y a
cas fortuit ou force majeure, ou bien si le feu est communiqué par une maison voisine, il est toujours possible
et facile au locataire de faire la preuve qui doit dégager
sa responsabilité.

De tout ceci il résulte qu'on ne peut pas méconnaître
que la disposition de l'article 1733 ne soit parfaitement
sage et rationnelle.

Elle doit donc être maintenue.

Comment pourrait-on abroger un article de loi qui, ainsi que nous l'avons vu, est conforme aux principes généraux du droit et qui, en outre, est fondé sur l'équité et sur la raison ?

Une autre considération milite encore pour le maintien de l'article 1733.

La responsabilité qu'il impose aux locataires empêche très-certainement les incendies volontaires, qui peuvent être quelquefois allumés pour satisfaire des vengeances particulières.

Un fermier a été poursuivi par son propriétaire qu'il ne payait pas ; il conçoit, pour se venger, le projet d'incendier la ferme, et il l'exécute.

Il sait combien il est difficile de découvrir la cause d'un incendie et de prouver comment il a pris naissance. Il compte sur cette difficulté. Trop souvent, en effet, les incendiaires ne reçoivent pas le châtiment de leur crime. La cause du sinistre reste inconnue et l'impunité est acquise au coupable.

Un homme, inspiré par le désir ardent de la vengeance, espère toujours qu'il échappera à la répression et à l'action de la justice. Mais s'il a la certitude que ses intérêts pécuniaires seront gravement compromis, souvent il hésitera avant d'allumer une incendie, dont la loi fait peser la responsabilité sur lui.

Si, d'après l'article 1733, le locataire ou le fermier doit prouver qu'il est dans une des exceptions où il peut décliner la responsabilité légale, il lui faudra alors indiquer la cause du sinistre et comment l'incendie a pris naissance : car le fait que la cause de l'incendie serait inconnue ne le décharge pas. Or, comme le fermier, qui a mis le feu, ne peut jamais prouver le cas fortuit ou la force majeure, il reste responsable du sinistre.

La menace de cette responsabilité arrête, — cela ne peut pas être contesté, — le bras de bien des incendiaires.

Dans les campagnes, ce sentiment de basse vengeance, qui inspire au fermier la pensée de nuire à son propriétaire en brûlant sa ferme, est, malheureusement, bien plus fréquent qu'on ne le suppose dans les grandes villes.

Toute disposition de loi dont la conséquence peut être d'empêcher ce genre de crime est donc morale, honnête, protectrice des droits et des intérêts de la Société. Son maintien importe à l'ordre public et à la police générale.

Sous ce rapport, l'article 1733 doit donc encore être conservé dans le Code civil.

Quant à l'article 1734, il est le corollaire nécessaire de l'article 1733, et la proposition de M. Viette ne demande à l'abroger que par voie de conséquence.

Le sort de cet article est lié à celui de l'article 1733.

On comprend que si le principe de la responsabilité des locataires est admis, comme l'a fait le Code civil, sans mettre aucune preuve à la charge du propriétaire, il fallait prévoir le cas où le même immeuble serait loué à plusieurs locataires. C'est ce cas qui a été prévu par l'article 1734.

Or comme, suivant nous, l'article 1733 doit être maintenu sans modification, il va de soi que l'article 1734 doit aussi être conservé.

Il ne peut pas y avoir de difficulté sur ce point.

Dans son rapport sommaire, M. Seignobos a dit que l'article 1733 donnait une préférence au propriétaire sur le locataire, et que cette préférence était une manifestation du même esprit, qui avait inspiré au législateur la disposition du Code (art. 1781) d'après laquelle toute contestation entre le maître et le domestique se terminait par l'affirmation du maître, toujours cru sur parole.

Cette assimilation, faite par l'honorable rapporteur entre deux situations tout à fait dissemblables, est complètement erronée. Les raisons qui ont dicté la disposition de l'article 1733 sont, comme on vient de le voir plus haut, de tout autre nature. Elles dérivent de l'essence même du contrat de louage, par lequel le propriétaire se dessaisit de la détention de sa maison, pour la confier au locataire.

Suivant M. Viette, le développement qu'a pris le contrat d'assurance contre l'incendie devrait entraîner la modification des rapports entre propriétaires et locataires, tels qu'ils ont été établis par le Code civil.

« L'institution des Compagnies d'assurances contre « l'incendie, dit-il, a profondément modifié la situation « respective des propriétaires et des locataires. Notre « législation n'a pas tenu compte de ce fait nouveau; elle « n'a pas été mise au courant. »

Cette affirmation est-elle exacte? En aucune façon.

En quoi une assurance, contractée par le propriétaire pour son immeuble, et une autre assurance, contractée par le locataire pour son risque locatif, ont-elles pu changer la situation respective de l'un et de l'autre?

Qu'est-ce donc que la situation respective de deux personnes qui ont contracté ensemble, qui ont passé un contrat de bail pour une maison? La situation pour chacune d'elles vis-à-vis de l'autre est déterminée par les obligations que lui impose le contrat qu'elle a souscrit.

Nous l'avons déjà dit : en matière de bail d'immeubles, la situation du propriétaire vis-à-vis du locataire se résume dans l'obligation qui incombe au bailleur d'assurer au preneur la jouissance paisible de la chose louée. La situation du locataire se résume dans l'obligation de payer ses loyers, de jouir de la chose louée en bon père de famille et de la rendre à la fin du bail dans l'état où il l'a reçue.

Est-ce que ces obligations réciproques peuvent être modifiées parce que le bailleur et le preneur ont fait, chacun de son côté, assurer le risque auquel ils étaient exposés en cas d'incendie? Non, certes. Le locataire est toujours tenu de rendre en bon état au bailleur la maison qu'il a louée. Si la maison a été détruite par un sinistre, il est responsable de sa valeur. L'assurance qu'il peut avoir souscrite pour couvrir en ce cas la responsabilité, qui résulte pour lui du contrat de louage, ne change pas son obligation et, par conséquent, ne modifie pas sa situation.

Les polices d'assurances que le propriétaire et le locataire peuvent avoir signées sont complétement étrangères au contrat de louage ; ce sont des précautions que l'un et l'autre prennent pour garantir leurs intérêts. Mais ces précautions ne changent nullement les rapports réciproques qui résultent entre le bailleur et le preneur du contrat de louage passé entre eux.

D'ailleurs, si aujourd'hui beaucoup de propriétaires

et de locataires ont souscrit des assurances, il s'en rencontre encore qui ne sont pas assurés, et il pourra s'en rencontrer toujours qui ne le seront pas.

Il arrive aussi très-fréquemment qu'un propriétaire n'est pas assuré pour toute la valeur de sa maison. Il reste alors son propre assureur pour une partie de cette valeur; et dans le règlement du sinistre on lui applique la règle proportionnelle. Il conserve en ce cas, pour la partie non assurée, vis-à-vis de son locataire, la situation que lui a faite le Code civil.

L'institution des Compagnies d'assurances et l'habitude qui paraît se généraliser de se faire assurer ne touchent en rien à la nature du contrat de louage : elles ne modifient en rien les obligations qui en découlent; par conséquent, elles ne peuvent être un motif ni un prétexte pour affranchir le locataire d'une responsabilité qui dérive de l'essence même du contrat de louage.

Selon M. Viette, l'assurance contre le risque locatif n'est autre chose qu'un impôt onéreux que des particuliers prélèvent sur les contribuables.

Le propriétaire et le locataire payent deux primes pour un seul et même risque. Les Compagnies toucheraient donc deux primes pour un seul objet.

Il y a là une erreur manifeste. Le risque que fait assurer le propriétaire est tout différent de celui que fait assurer le locataire.

Le risque pour le propriétaire, c'est la destruction éventuelle de sa maison par incendie.

Le risque pour le locataire, c'est la responsabilité à laquelle il est exposé en cas d'incendie détruisant la maison louée.

Mais, dit M. Viette, les Compagnies d'assurances, dans leurs polices, ont soin de se faire subroger aux droits des propriétaires ; — alors elles se font rembourser par les locataires ou par leurs assureurs ce quelles ont payé au propriétaire, dont la maison a été brûlée.

En pareil cas, la Compagnie assureur du propriétaire paraît à M. Viette avoir perçu des primes sans avoir couru aucune éventualité de perte.

Mais c'est là une erreur.

Si l'incendie a été causé par un cas fortuit ou de force majeure, la Compagnie assureur du propriétaire devra lui payer la valeur de sa maison sans pouvoir se faire rembourser par les locataires.

Si les locataires ne sont pas assurés, et s'ils sont insolvables, la subrogation, consentie au profit de la Compagnie assureur du propriétaire, ne lui permettra pas d'exercer un recours utile, et elle ne pourra pas rentrer dans ce qu'elle aura payé au propriétaire.

Il en sera de même si le feu a été communiqué par un immeuble voisin appartenant à un propriétaire ou habité par des locataires ruinés par l'incendie et qui ne pourront pas payer la réparation du préjudice qu'ils auront causé.

Voilà des éventualités où, malgré la subrogation stipulée par la Compagnie assureur du propriétaire, cette compagnie ne pourra pas se faire rembourser les sommes qu'elle aura payées au propriétaire. Ce sont donc pour cette compagnie des éventualités de perte.

Il est vrai que dans d'autres cas cette compagnie pourra se faire rembourser en tout ou en partie par les locataires ou par leurs assureurs.

Mais, il ne faut pas s'y tromper, en établissant le calcul des primes qu'elles ont à se faire payer par les propriétaires qu'elles assurent, les compagnies tiennent compte de ces diverses éventualités. Aujourd'hui, les compagnies sont nombreuses, elles se font concurrence. Chacune cherche à offrir aux assurés les conditions les plus avantageuses. Aussi leurs tarifs sont-ils arrivés à des prix extrêmement bas. C'est parce qu'elles savent qu'au moyen de la subrogation dans les droits du propriétaire elles pourront recouvrer sur les locataires ou sur leurs assureurs une partie des sinistres qu'elles auront à payer, qu'elles ne font payer aux propriétaires que les prix portés aux tarifs actuels.

Si le recours en responsabilité contre les locataires n'existait pas, si les compagnies ne pouvaient pas, au moyen d'une stipulation de subrogation, se faire rembourser après avoir payé les propriétaires, on peut être certain que, pour les assurances d'immeubles, elles seraient contraintes d'élever leurs tarifs.

En général, les compagnies assurent tantôt des propriétaires, tantôt des locataires. Elles savent que dans certains cas elles pourront profiter de la subrogation dans les droits du propriétaire, tels qu'ils sont établis par l'article 1733, et que, dans d'autres cas, elles subiront les conséquences de la situation que ce même article crée pour le locataire. Elles prennent toutes ces circonstances en considération. Et, calculant les éventualités diverses auxquelles elles sont exposées, elles établissent des moyennes d'après lesquelles elles fixent le taux des primes à exiger des assurés.

On détermine le taux des primes d'après les chances ordinaires d'incendie. On sait, par exemple, que si les valeurs assurées sont de 10 millions, il faut que la Compagnie assureur ait à recouvrer une certaine somme de primes, correspondant à la moyenne des éventualités d'incendie sur cette valeur de 10 millions.

Si le propriétaire d'une maison paie une prime pour cette maison, et si le locataire de cette même maison en paie une autre pour son risque locatif, les Compagnies d'assurances peuvent percevoir des primes moins élevées que s'il n'y avait que le propriétaire qui se fût fait assurer.

C'est ce qui a lieu en fait.

Si, comme le propose M. Viette, on supprime le risque locatif, c'est-à-dire si on oblige le propriétaire, pour exercer un recours contre son locataire, à prouver la faute, l'imprudence ou la négligence de ce locataire ; si, par conséquent, on rend l'action du propriétaire le plus souvent illusoire, il pourra arriver que les preneurs ne fassent plus assurer leurs risques locatifs.

Si ce fait se produisait, toutes les combinaisons actuelles des Compagnies seraient renversées. Les Compagnies seraient privées d'un élément de recettes sur lequel elles ont compté en passant tous leurs contrats d'assurance.

Comme les chances d'incendie et la moyenne des sinistres ne diminueraient pas pour cela, elles devraient, afin de pouvoir rembourser les propriétaires dont les bâtiments seraient brûlés, chercher un autre élément de recettes pour remplacer celui dont on les aurait privées.

Les locataires n'assurant plus leurs risques locatifs, les Compagnies se trouveraient forcément conduites à augmenter les primes des seuls assurés qui leur resteraient, c'est-à-dire les primes payées par les propriétaires d'immeubles.

Ce qui précède nous amène à passer à l'article 2 de la proposition de M. Viette.

Cet article 2 dispose que les primes, résultant de polices d'assurances contre les risques locatifs, ne seraient plus exigibles que pour l'année en cours d'exercice au moment de la promulgation de la loi.

Il résulterait de cet article que toutes les polices d'assurances passées entre les Compagnies et les locataires, pour risques locatifs, seraient résiliées de plein droit un an après la promulgation de la loi. Une source importante de recettes pour les Compagnies serait ainsi immédiatement tarie pour elles. On dégagerait les locataires vis-à-vis d'elles, mais elles resteraient engagées envers les propriétaires pour toute la durée des contrats passés avec ces derniers ; de sorte qu'elles ne pourraient pas immédiatement relever le taux des primes.

Aujourd'hui, les calculs des Compagnies, pour payer les indemnités de sinistres, sont faits tant sur les primes perçues des propriétaires que sur celles qui sont perçues des locataires. Or, on les laisserait en face des mêmes charges et on leur enlèverait une partie des ressources sur lesquelles elles avaient légitimement compté.

L'article 2 de la proposition de M. Viette constituerait donc pour les Compagnies une iniquité flagrante.

Pour éviter de commettre cette iniquité, il aurait au moins fallu que M. Viette proposât de décider qu'à partir de la promulgation de la loi, tous les contrats d'assurance contre l'incendie seraient résiliés, aussi bien ceux concernant les propriétaires que ceux concernant les locataires.

Alors les Compagnies, libres de modifier leurs tarifs, pourraient chercher, par l'élévation du taux des primes des assurances d'immeubles, à rétablir l'équilibre entre les éventualités des sinistres à payer et les recettes devant provenir de la perception des primes.

———

L'adoption de la proposition de M. Viette exposerait les locataires à des dangers qu'on ne peut pas méconnaître.

En voyant édicter une loi dont le titre indiquerait que le législateur a voulu supprimer le risque locatif, les locataires se croiraient toujours et en toute circonstance exonérés, vis-à-vis du propriétaire, de toute responsabilité de quelque nature qu'elle fût. Aucun locataire ne s'assurerait plus.

Et cependant, d'après M. Viette lui-même, le propriétaire devrait continuer à avoir un recours contre son locataire, s'il pouvait prouver contre lui que l'incendie a été causé par sa faute ou par celle de ses gens.

M. Viette ne propose que de renverser la preuve à faire. Il mettrait la preuve à la charge du propriétaire; mais, la preuve faite contre le locataire, sa responsabilité subsisterait.

Aussi tout locataire, soucieux de ses intérêts, devrait-il continuer à assurer son risque locatif comme on assure aujourd'hui le recours des voisins.

Le recours des voisins est réglé non par l'article 1733, mais par l'article 1382. C'est au voisin, chez qui le feu a été communiqué, à prouver que la communication du feu provient d'une faute de celui chez qui l'incendie primitif a éclaté.

Quoique la preuve à faire en ce cas soit à la charge des voisins, on s'assure contre la possibilité de ce recours.

De même, si l'article 1733 était abrogé et si le propriétaire ne pouvait plus se prévaloir que de l'article 1382, le locataire devrait être assez prévoyant pour s'assurer contre la possibilité d'un recours du propriétaire, fondé sur cet article 1382.

Dans l'exposé des motifs de M. Viette et dans le rapport sommaire de M. Seignobos, on lit que l'assurance contre les risques locatifs est un impôt onéreux que des particuliers prélèvent sur les contribuables et qui n'est même pas la récompense d'un service rendu.

Comment est-il possible, quand il s'agit d'apprécier la nature et la valeur de c onventions privées, de considérer les personnes qui souscrivent ces conventions comme ayant le caractère de contribuables. Avec ce système, on pourrait dire que dans tous les contrats où une personne s'engage à payer quelque chose à une autre, le créancier prélève un impôt sur un contribuable; car, tout individu étant contribuable, chaque débiteur peut être désigné ainsi.

L'observation de l'exposé des motifs et du rapport sommaire n'est donc pas sérieuse, lorsqu'elle compare le paiement des primes par les assurés à un impôt, et à un impôt onéreux.

Elle n'est pas exacte lorsqu'elle ajoute que la perception de la prime par la Compagnie d'assurances n'est même pas la récompense d'un service rendu.

Comment! lorsque la Compagnie assureur du locataire paye la valeur d'un immeuble incendié par ce locataire, ce paiement n'est pas un service rendu en échange de la perception de la prime ! Mais, si le locataire ne se fût pas assuré, il aurait été obligé de payer de ses deniers, au propriétaire, la valeur du bâtiment brûlé. La Compagnie, qui a perçu une prime très-minime, paye à sa place une très grosse somme, et l'on dirait qu'il n'y a pas service rendu !

Il n'est pas besoin d'insister sur ce point pour faire comprendre l'erreur dans laquelle sont tombés et M. Viette et M. Seignobos.

En résumé, l'article 1er du projet de M. Viette propose d'abroger un article du Code civil qui est conforme aux principes généraux du droit et dont la disposition est sage et rationnelle.

Renversant tous les calculs sur lesquels reposent les contrats d'assurance actuels, il aurait pour conséquence d'entraîner dans l'avenir une augmentation du taux des primes pour l'assurance des propriétés.

L'article 2, en n'annulant que les assurances des risques locatifs et en maintenant les assurances des propriétés, constituerait une iniquité flagrante au préjudice des Compagnies et pourrait les exposer à ne plus avoir les moyens de remplir leurs engagements.

La Chambre des députés appréciera ces considérations et repoussera la proposition de M. Viette.

D.-Ch. DUVERDY,

AVOCAT A LA COUR D'APPEL,
Docteur en Droit.

3106. — Imprimerie Vᵉ Éthiou-Pérou, rue Damiette, 2 et 4.